W0236418

Birgit Neiser

Leonhardi

Der Tag des bayerischen Herrgotts

Birgit Neiser

Leonhardi

Der Tag des bayerischen Herrgotts

Verlagsanstalt »Bayerland« Dachau

Abbildungen auf dem Buchumschlag:

vorne: Kreuth (Foto: Siepmann)

hinten oben: Hundham (Foto: Neiser)

hinten unten (von links):
Bad Tölz (Foto: Siepmann)
Nußdorf (Foto: Neiser)
Bad Tölz (Foto: Schwab)

Literaturhinweise:

Bauer, Anton: *Allerheiligen bei Osterwarngau. Wallfahrts- und Kunstgeschichte*, in: von Deutinger, Martin: Beiträge zur altbayrischen Kirchengeschichte, Bd. 26, München 1971, S. 197–255.

Bichler, Albert: *Wie's in Bayern der Brauch ist*, München 1994

Böhne, Clemens: *Alte Votivfiguren aus Guß-eisen*, in: Gießerei, Heft 21, Oktober 1961, S. 647–650.

Ders.: *St. Leonhard, der Eisenheilige*, in: Stahl und Eisen, Nr. 22, Bd. 79, 1959, S. 1655–1660.

Ders.: *Zur Herstellungstechnik der Eisenvotive*. Sonderdruck aus: Bayrisches Jahrbuch für Volkskunde, 1959, S. 41–47.

Ebert, Franz: *Geschichte und Chronik der Gemeinde Warngau*, Warngau 1995.

Gemeinde Kreuth (Hrsg.): *Das Kreuther Heimatbuch*, Miesbach 1984.

Gockerell, Nina: *Bilder und Zeichen der Frömmigkeit. Sammlung Rudolf Kriss. Museum im Herzogschloß Straubing*, München 1995.

Hofmann, Winfried: *Unsere Heiligen als Schutzpatronen. Legenden und Biographien*, Regensburg 1987.

Klemenz, Birgitta (Hrsg.): *St. Leonhard zu Ehren. 550 Jahre Fürstenfeldbruck*. Ausstellungskatalog, Fürstenfeldbruck 1990.

Liebhart, Wilhelm (Hrsg.): *Inchenhofen. Wallfahrt, Zisterzienser und Markt*, Sigmaringen 1992.

Der Oberbaierische Fest-Täg-und Alte-Bräuch-Kalender. Erscheint jährlich im Raab-Verlag, Stockdorf.

Stangl, Gabriele: *Leonhardifahrt in Bad Tölz*, Bad Tölz 1977.

Zauner, Franz Paul: *Siegertsbrunn und die Leonhardiwallfahrt*, Siegertsbrunn 1995.

Bildnachweis:

Bayerisches Nationalmuseum, München: S. 15, 16, 17 (3), 18

Birgit Neiser, Reitham: S. 8, 12, 37, 38, 39, 40 (3), 41, 42, 43, 44 (3), 45, 50 o. r., 50 u. M., 50 u. r., 52 (4), 53, 54 (2), 55, 56 (4), 57, 66, 68 (2), 72, 73, 74 (4), 75, 79, 80 (3), 81, 82 o. l., 82 u. l.

Pfarramt Inchenhofen: S. 78

Walter Schwab, Schöngeising: S. 8, 13, 26 (3), 27, 28 (3), 30 (2), 31, 34 (6), 35, 50 o. l., 50 o. M., 50 u. l., 51, 58, 59, 60 o. l., 63, 64 M., 65, 83

Martin Siepmann, Geretsried: S. 46, 47, 48, 49, 60 o. r., 60 u. l., 60 u. r., 61, 62, 64 l., 67, 69, 70 (4), 71, 76 (4), 77, 82 o. r., 82 u. r.

Stadtarchiv Fürstenfeldbruck: S. 21

Verlag und Gesamtherstellung:
Druckerei und Verlagsanstalt »Bayerland« GmbH
85221 Dachau, Konrad-Adenauer-Straße 19

Alle Rechte der Verbreitung (einschl. Film, Funk und Fernsehen) sowie der fotomechanischen Wiedergabe und des auszugsweisen Nachdrucks vorbehalten.

© Druckerei und Verlagsanstalt »Bayerland« GmbH
85221 Dachau, 1998
Printed in Germany · ISBN 3-89251-263-9

Inhalt

Vorwort

»St. Leonhard! Dieses Wort hat eine Zauberkraft bei uns, wie das Wort Weihnachten für Kinder. Von Zeit zu Zeit muß auch die Volksseele gesonnt werden. Ist es nicht beglückend, inmitten unruhigster Hast und trübster Not eine so festliche Fanfare völkischer Freude zu erleben!« So schreibt die Lokalzeitung des Tegernseer Tales über die Leonhardifahrt vom 6. November 1929 in Kreuth. Beinahe 70 Jahre später sind zwar die Zeiten weitaus weniger unruhig oder trüb, die Leonhardifahrt wird jedoch mit unverändert religiöser und traditionsbewußter Feierlichkeit begangen.

Jahr für Jahr findet in vielen Orten Bayerns die Wallfahrt zu Ehren des heiligen Leonhard statt – eine uralte Tradition, die mit wachsendem Interesse aufgenommen wird. Leonhard wird heute als der Schutzheilige der Tiere verehrt. Umzüge aus bis zu 60 Pferdegespannen, umsäumt von Hunderten, Tausenden, manchmal gar Zehntausenden staunender Zuschauer, ziehen zunächst zum Gottesdienst an ihre heilige Leonhardistätte und vollenden anschließend das Ritual mit der dreimaligen Umfahrt um die Kirche. Inzwischen wird die Leonhardifahrt wieder in mehr als 50 Orten Bayerns zelebriert. Daher kann nicht auf die Besonderheiten jeder einzelnen Wallfahrt eingegangen werden. Die Ursprünge sind jedoch allerorts dieselben, so daß die vorliegenden Beschreibungen übertragbar sind.

Die geschichtlichen Hintergründe dieser altbayerischen Tradition spiegeln sich in zahlreichen Details sowohl im Ablauf der Wallfahrt als auch im Schmuck der Wagen und Pferde wider. Den Zuschauern soll dieses Buch helfen, die Wallfahrt mit anderen Augen zu erleben, den alteingesessenen Teilnehmern möge es als Zusammenfassung der Geschichte und Abbild ihres lebendigen Brauchtums dienen.

Da es nur wenig Literatur über dieses Thema gibt, war ich auf Gespräche mit Fachleuten und erfahrenen Teilnehmern angewiesen. Neben vielen anderen gilt mein besonderer Dank Pfarrer German Fischer in Inchenhofen, Monika Sadler vom Stadtarchiv Fürstenfeldbruck, Manuela Stowasser vom Stadtarchiv Bad Tölz, Dr. Helmut Seemann in Hohenschäftlarn, Christel Sedlbauer-Stamm von der Gemeinde Kreuth, Anton Mehringer als Standartenträger der Leonhardifahrt in Kreuth, Pfarrer Bernd Habenschaden in Warngau, Anni Bichler in Warngau und Josef Huber vom Leonhardi-Ausschuß in Warngau. Gedankt sei auch der Familie Balthasar Bauer in Moosen bei Gaißach, die es Walter Schwab ermöglichte, die Vorbereitungen zu fotografieren, Alfons Eibel vom Städtischen Bauhof Bad Tölz und Helmut Stockner sen., Leonhardilader von Bad Tölz. Freundlicherweise wurden vom Bayerischen Nationalmuseum München Fotos zur Verfügung gestellt.

Birgit Neiser

ECHTES EHREN · SCHLECHTEM WEHREN · SCHWERES VBEL · SCHONES LIEBEN · ZVM ·
9·DEZEMBER·1908·

Auf der Tölzer Gedenktafel für Gabriel von Seidl ist eines der bekanntesten Symbole der Stadt abgebildet – ein Leonhardiwagen.

Die Ursprünge der Leonhardsverehrung

Die Wurzeln der Leonhardsverehrung liegen bald ein Jahrtausend zurück in Frankreich. Leonhard, dessen Name »löwenkühn« bedeutet, wurde um das Jahr 500 als Sohn einer fränkischen Adelsfamilie geboren, die am Hofe des Merowingerkönigs Chlodwig lebte. Erst seine Gemahlin hatte Chlodwig zum Christentum bekehrt. Der König mochte Leonhard sehr und wurde sogar sein Taufpate. Später ließ er ihn von Remigius, dem Bischof von Reims, religiös erziehen und zum Priester weihen. Leonhard beschloß dann jedoch, nicht am Hofe zu bleiben, sondern sich weiter südlich nach Aquitanien zurückzuziehen und dort den christlichen Glauben zu predigen.

Eine der wichtigsten Aufgaben, die Leonhard sich selbst gestellt hatte, lag darin, unschuldig zum Gefängnis Verurteilte vor ihrem Schicksal zu retten. Diese ihrer Freiheit beraubten Menschen erregten immer schon sein Mitleid. Damals gab es weder eine auf allgemein anerkannten Gesetzen beruhende Rechtssprechung noch konnte von einem humanen Strafvollzug gesprochen werden. Wann immer er es vermochte, setzte Leonhard sich beim König für Gefangene ein und erwarb sich so den Ruf des Beschützers der zu Unrecht Arrestierten, welche oftmals auf seine Fürbitten

hin freigelassen wurden. Leonhards erfolgreiches Bemühen um die Verurteilten sprach sich schnell im Lande herum.

Die Legende berichtet darüber hinaus, daß er bald nicht nur als Gefangenenpatron, sondern auch als Nothelfer der werdenden Mütter verehrt wurde, nachdem er der Königin während eines Jagdausfluges bei der zu früh einsetzenden Geburt ihres Sohnes zur Seite stand. Der König soll ihm aus Dankbarkeit Reichtümer und die Übernahme eines Bistums angeboten haben. Leonhard gab sich jedoch mit einem Grundstück in der Nähe von Limoges zufrieden, das er nach alter Sitte der Besitzergreifung in einer Nacht mit seinem Esel zu umreiten vermochte. Hier gründete er das Kloster »Nobiliacum« (Edelgut), das heutige St. Léonard de Noblat, und lebte dort zurückgezogen bis zu seinem Tode, der Überlieferung nach am 6. November 559.

Diese Einzelheiten sind nur bekannt, weil etwa 500 Jahre nach dem Tod Leonhards der Benediktinermönch Ademar von Chabannes Recherchen über das Leben des Heiligen anstellte. Nachdem Leonhards Reliquien Anfang des 11. Jahrhunderts ausgestellt worden waren, setzte ein derartiger Leonhardskult ein, daß der Bischof von Limoges eine Beschreibung der

Lebensgeschichte Leonhards in Auftrag gab. Das Resultat ist die »Vita Leonhardi Confessoris Nobiliacensis«, in der alle noch verfügbaren Informationen über den Heiligen und seine Verehrung festgehalten wurden.

Fränkische Missionare und Kreuzfahrer trugen zu dieser Zeit der intensiven Leonhardsverehrung die Kunde von seinen guten Taten aus Frankreich nach Franken, Bayern, Österreich und Italien. Vor Beginn des ersten Kreuzzuges im Jahre 1095 tauchte Leonhards Name nirgends auf. Entlang der Reiseroute der Kreuzfahrer ins Heilige Land entstanden danach aber fast überall im Abstand der damaligen Tagesetappen Leonhardskirchen, -kapellen, -altäre und andere Wegzeichen, die von seiner Anbetung zeugen. Die ältesten Leonhardskirchen liegen oft an Flüssen oder Gebirgspässen. Die Gründer solcher Stätten waren immer Äbte oder adelige Kreuzritter, die an den Kreuzzügen teilnahmen und sich mit ihrer Stiftung eine sichere Reise und heile Rückkehr sichern wollten. Die Kreuzzüge waren ein gefährliches Unterfangen mit dem Risiko, in der sarazenischen Fremde in Gefangenschaft oder sonstige Not zu geraten, so daß man sich Leonhard als Schutzherrn für die Gefangenen und für die Reisenden allgemein empfahl. Er war der einzig

Der heilige Leonhard gründete im 6. Jahrhundert sein eigenes Kloster »Nobiliacum« in der Nähe von Limoges in Frankreich. Später wurde es zu »Saint Léonard de Noblat« (Stich in der Leonhardikirche in Kreuth).

bekannte Schutzpatron für die Gefangenen der damaligen Zeit. Entlang der Donau und des Inns, über den Brenner bis weit nach Italien und gar Palästina findet man seither die Spuren der Leonhardsverehrung.

An der Nordseite von San Marco in Venedig steht ein lebensgroßes, steinernes Relief des Heiligen aus dem 12. Jahrhundert. Neben dem heiligen Martin von Tours und dem heiligen Georg erbaten die Kreuzritter und Pilger ins Heilige Land auch den heiligen Leonhard um Hilfe bei der Reise. Sogar im Katharinenkloster auf dem Sinai gibt es eine Ikone aus dem 12. Jahrhundert, die St. Martin und St. Leonhard darstellt.

St. Leonhard in Bayern

Es gibt nirgends so viele Leonhardskirchen wie in Bayern. Die erste dem Leonhard in Altbayern gewidmete Kirche entstand 1184 in Kreuth im Winkel, das auch »Lienhardswinkel« genannt wurde. Meist lautete Leonhards Name im Französischen »Liénard«, abgeleitet von »lien«, was Fessel oder Band bedeutet. Die geographische Lage von Kreuth an der engen Paßstraße zum Achenpaß bot sich als Gebetsstätte für die vorbeiziehenden Reisenden an.

Um diese Zeit entwickelte sich auch der Brauch, dem heiligen Leonhard zum Dank Ketten zu stiften, wenn man einer Gefangenschaft in der Ferne entkommen war. Die Gefangenenketten oder deren Nachbildungen wurden in den Leonhardskirchen geopfert. Auch nach dem Ende der Kreuzzüge hielt der Ruhm Leonhards als Befreier der Gefangenen unvermindert an. Sogenannte Mirakelbücher geben über die Wundertaten des Heiligen in ausschmückender Weise Auskunft. Der Wallfahrtsort Inchenhofen verfügt über die bekanntesten Mirakelbücher, in denen akribisch die Berichte über die »Guttaten« Leonhards zwischen 1258 und 1751 niedergeschrieben sind. Das bedeutendste Werk ist die 1659 erschienene, vom Abt Martin Dallmayr herausgegebene »Synopsis Miraculorum et Beneficiorum

seu Vincula Charitatis«, welche die Wundertaten bis zu diesem Zeitpunkt enthält. Die Mirakelbücher spiegeln religiöse, volkskundliche und medizinische Zustände über mehrere Jahrhunderte wider, wie es in dieser Ursprünglichkeit einmalig ist.

Überhaupt galt Inchenhofen damals als der berühmteste bayerische Wallfahrtsort. Über viele Jahrhunderte hinweg wurde es fast in einem Atemzug mit Rom, Lourdes und Santiago de Compostela genannt. Die Anfänge der Wallfahrt in Inchenhofen sind leider nicht bekannt. Mitte des 13. Jahrhunderts schenkte Herzog Ludwig II. der Strenge dem Zisterzienserkloster Fürstenfeld die Pfarrei Hollenbach mit dem Weiler Inchenhofen. Der Herzog hatte seine Gemahlin Maria von Brabant nach dem Verdacht der ehelichen Untreue umbringen lassen. Auf Verlangen des Papstes erfolgte zur Wiedergutmachung dieses Geschenk. Neben einigen Höfen gehörte zur Pfarrei auch eine Leonhardikapelle, zu der bereits Wallfahrten stattfanden.

Die Zisterzienser förderten diese Wallfahrt, nahmen den heiligen Leonhard in ihr Wappen auf und weihten ihm 1440 eine weitere Leonhardikirche in Bruck an der Amper. Um die Bedeutung des heiligen Leonhard kirchlich in angemessener Weise zu zelebrieren,

schrieb der Mönch Heinrich von Biberach aus dem Kloster Fürstenfeld um 1317 ein Leonhardsmissale eigens für den 6. November, den Todestag Leonhards. Das Missale ist eine liturgische Anweisung für den Priester mit Gebetstexten, Lesungen und Liedern für die Meßfeier. Inchenhofen jedoch blieb das Zentrum der Leonhardsverehrung. Damals wie auch heute noch wird oft schlichtweg von »St. Leahat« oder St. Leonhard gesprochen, wenn der Ort Inchenhofen gemeint ist.

Der Sohn Herzog Ludwigs II., Kaiser Ludwig IV. der Bayer, setzte die Unterstützung der Wallfahrt fort und verlieh dem aufstrebenden Ort Inchenhofen das Recht, Märkte abzuhalten, Gewerbe zu treiben und den Bannschilling, eine frühe Form der Umsatzsteuer auf verkaufte Lebensmittel, einzuziehen. Die das Jahr über stattfindenden Wallfahrten brachten bereits im 13. Jahrhundert eine Vielzahl von Besuchern nach Inchenhofen. Sie verhalfen dem Ort zu wirtschaftlichem Wohlstand, der nur von den Einnahmen durch die Wallfahrten abhing.

Neben dem Zentrum der Leonhardsverehrung in Bayern wurde der Leonhardskult von Frankreich aus vereinzelt auch in andere Himmelsrichtungen getragen. In Belgien findet beispielsweise alljährlich

eine Leonhardsprozession in Zoutleew statt. Zwischen dieser
Gemeinde und Kreuth sowie auch
Inchenhofen besteht inzwischen
eine Art »Leonhardipartnerschaft«.

Kreuth – die erste Leonhardskirche in Oberbay-
ern, von Abt Ruprecht I. im Jahre 1184 erbaut.
Die romanische Kirche wurde im 15. Jahrhun-
dert durch eine gotische ersetzt, die wiederum
200 Jahre später »barockisiert« wurde.

Der Kettenheilige

Ein Attribut der Leonhardsverehrung oder des Leonhard selbst ist die Eisenkette. Wo immer eine Figur oder Abbildung des Heiligen zu sehen ist, hält er eine Kette in der Hand. Bereits seit dem 14. Jahrhundert wird Leonhard mit einer Gefangenenkette, oft auch mit Handschellen dargestellt. Man findet Szenen in Kirchenmalereien, Votivbildern oder Gemälden, in denen Leonhard als Mönch oder im Bischofsgewand Gefangene von ihren Fesseln löst. Die Eisenkette steht ursprünglich für das Gefangenenpatronat Leonhards am Hofe Chlodwigs. Bis ins 16. Jahrhundert opferten befreite Gefangene ihre Ketten in den Leonhardskirchen, wenn sie ihre Rettung auf die Fürsprache des heiligen Leonhard zurückführten. So erwarb Leonhard auch den Beinamen »der Kettenheilige«. Die Eisenketten waren die ersten Votivgaben zu Ehren des Heiligen.

Die Leonhardskapelle auf dem Kalvarienberg in Bad Tölz ist außen sogar mit einer schweren Eisenkette umspannt. Die Umkettung gleicht einer immerwährenden Umkreisung der Wallfahrtsstätte verbunden mit einem unendlichen Gebet. Die Kette wurde zum weithin sichtbaren äußeren Kennzeichen vieler Leonhardskirchen. Es gibt heute nur noch wenige solcher

Die berühmte Kettenkirche auf dem Kalvarienberg, dem früheren Höhenberg, über den Dächern von Bad Tölz. Sie wurde 1718 von Tölzer Zimmerleuten gebaut als Dank für ihre Heimkehr aus der Sendlinger Bauernschlacht von 1705.

sogenannten Kettenkirchen. Viele Ketten wurden im Laufe der Zeit entfernt, da ihr Sinn nicht mehr bekannt war.

St. Leonhard, der Viehpatron

Nach der Beendigung der Kreuzzüge mußte Leonhard nicht mehr so häufig als Retter der Gefangenen einspringen. Im 17. Jahrhundert brauchte die alpenländische Region jedoch dringend einen Viehpatron angesichts verheerender Viehseuchen und anderer Krankheiten, die die Tiere und damit die wirtschaftliche Stütze der Menschen zu vernichten drohten. Tierärzte gab es nicht, daher wandte man sich an den heiligen Leonhard. Neben seiner Rolle als Fürsprecher der Gefangenen wurde er ja auch als Heiler der Menschen angerufen, speziell der Entbindenden. So konnte die Verbindung zum Fruchtbarkeitsbringer hergestellt und der Glaube an seine Heilkraft zweckgemäß auf die Gesundheit des Viehs ausgedehnt werden. Ein Wallfahrtstext aus dem 18. Jahrhundert von Bauern aus dem Pienzgau faßt die Sorgen um das Vieh zusammen:

»Heilöga St. Leonhard, der 's Vieh alls kuriert,
Mach', daß uns hoia koan Rindl nit krepiert,
D' Ochn sand ja thoia, dös woaßt ja von eh,
Gelobt sey dö Christl und d' Salome!«

Mit dieser Patronatsumwandlung kam als Attribut des Leonhard zur Kette das Tier hinzu. Die ländliche Bevölkerung wußte oftmals nicht um die Bedeutung der Ketten als Gefangenenketten und setzte sie mit Viehketten gleich.

Es ist nicht gesichert, ob nicht die Kette, die die Leonhardskirche in Bad Tölz umspannt, auch eine Votivgabe aus den Stallketten kranker Tiere sein könnte. Daneben gibt es die Vermutung, daß ein Bauer, der während einer Wallfahrt mit seinem Wagen und Pferdegespann den Berg in Bad Tölz hinabstürzte und dabei nicht zu Schaden kam, aus Dankbarkeit die Kette gestiftet habe.

In der Leonhardskapelle von Bad Tölz ist eine Erläuterung zu lesen, die St. Leonhard beide Patronate zuspricht. Es heißt darin, daß die 1718 erbaute Kettenkirche von Tölzer Zimmerleuten zum Dank für ihre glückliche Heimkehr aus der Sendlinger Bauernschlacht 1705 erbaut wurde und Leonhard sowohl als Gefangenen- und zugleich als Pferdepatron gewidmet sei.

Die Umdeutung der Heilkraft Leonhards auf das Vieh ist auf zahlreichen Votivbildern in den Leonhardskirchen zu sehen. Leonhard hält meist neben den Abtinsignien, einem Stab und einem Buch, die Kette in der Hand. Ihm liegen oft Gefangene oder Tiere zu Füße, manchmal auch beide. Aus Dankbarkeit haben Bauern diese Bilder gestiftet, wenn ihre Fürbitten und Gebete gehört wurden.

Der Eisenheilige

Vielleicht waren es die Ketten, die nach dem Patronatswechsel die Gläubigen dazu veranlaßten, ihre Votiv- und Weihegaben aus Eisen zu fertigen und Leonhard den Beinamen »der Eisenheilige« zu geben. Üblicherweise bestehen Dankesgaben an Wallfahrten aus Holz, Wachs oder Ton. Eine Ausnahme ist Leonhard, dem man das damals überaus kostbare Eisen als Weihe- und Opfergabe zugedachte. Es handelte sich um ein teures Material, da Bayern kaum über eigene Vorkommen verfügt und das Eisen aus der Oberpfalz oder der Steiermark importiert werden mußte.

Auch die Eisenvotive als Bestandteil des Leonhardskultes rufen alte germanische Bräuche ins Gedächtnis. Die Griechen und Römer kannten Opfertiere aus Bronze oder Ton. Von den Germanen berichtet Tacitus, daß sie bei Tötung eines Feindes Eisenringe opferten.

Die Eisenringe, die St. Leonhard als Dankesgaben dargebracht wurden, schmiedete man zu Ketten zusammen. Dabei bestanden die Kettenglieder häufig aus Hufeisen, welche neben Pflugscharen und Nachbildungen von Tieren die häufigste Form der eisernen Votivgaben waren. Viele solcher Eisenteile wurden bei Ausgrabungen in der Umgebung von Leonhardskirchen gefunden.

Diese Votivtiere wurden jeweils aus einem einzigen Flacheisen herausgeschmiedet. Man brauchte es nur an den Enden zu spalten und die Extremitäten in Form zu biegen. So entstand kein Abfall des kostbaren Materials. Diese drei Pferde sind aus dem 18./19. Jahrhundert und stammen aus Ganacker im Landkreis Dingolfing-Landau.

Die Tierfiguren symbolisieren den gesamten Viehbestand des Bauern. Das Pferd und die Kuh sind die häufigsten Stellvertreter, aber auch Schweine, Schafe, Gänse und Enten tauchen auf. Die jeweilige Dorfschmiede stellte die Eisentiere in einfachster Technik her, um möglichst keinen Abfall des teuren Materials zu verursachen. Flachstücke aus Eisen wurden eingeschnitten und die einzelnen schmalen Teile zu Beinen nach unten sowie zu Kopf und Schwanz nach oben gebogen. Alternativ wurde ein Eisenstück als Rumpf des Tieres hergenommen und mit Löchern versehen, durch die kleine Eisenstangen als Extremitäten gesteckt wurden. Beide Techniken bestechen durch ihre Einfachheit und die Figuren durch ihre schlichte Schönheit.

Im Laufe der Zeit hatten sich derart viele Eisentiere in den Kirchen angehäuft, daß man dazu überging, sie an die Gläubigen auszuleihen. Jeder durfte gegen ein geringes Entgelt so viele Tiere aus der Schatzkammer benutzen, wie er selbst im Stall hatte. Stellvertretend konnte auch ein Tier für jede Gattung gewählt werden. Die Fürbittenden trugen die Weihefiguren dreimal um die Kirche und legten sie dann am Hochaltar ab.

Die Kröte als Symbol der Gebärmutter war eine sehr beliebte Votivfigur für Leonhard als den Beschützer der werdenden Mütter. Herkunft der Votivtiere von links nach rechts: St. Leonhard im Lavantthal, Kärnten, 18./19. Jahrhundert; Bayern oder Österreich, 16. Jahrhundert; Wildschönau bei Kufstein/Tirol, 18./19. Jahrhundert.

Wann immer Leonhard auch als Heiler von Menschen angerufen wurde, sind menschliche Körperteile aus Eisen vorhanden, die stellvertretend geopfert wurden. Arme, Beine, einzelne Augen oder Augenpaare, Ohren, Herzen, weibliche Brüste – das gesamte Spektrum an Leiden wurde in Eisen nachgebildet. Da Leonhard besonders als Helfer bei Frauenleiden und für werdende Mütter beliebt war, findet man unter den eisernen Tierfiguren häufig die Kröte, die die Gebärmutter symbolisiert.

Es gibt unter den Eisenfiguren wenige Ausnahmestücke, die nicht geschmiedet, sondern gegossen wurden. Die Kunst des Eisengießens war bereits gegen Ende des 14. Jahrhunderts in Europa allgemein bekannt. Das bedeutendste gegossene Kunstwerk steht als Nachbildung in der Leonhardskirche in Inchenhofen. Es handelt sich um eine etwa 40 Zentimeter hohe Figur des heiligen Leonhard im Mönchsgewand mit einer Kette über dem Arm aus dem Jahre 1420. Die Figur, deren Kopf von unzähligen Gläubigen über Jahrhunderte hinweg blankgerieben wurde, wird bei der jährlichen Leonhardiwallfahrt als »Ehrenteilnehmer« auf einem blumenumrankten Stab mitgeführt.

Inchenhofen weist noch eine weitere Besonderheit auf. Nachdem sich in dem bekannten Wallfahrtsort unzählige Weihegaben aus Eisen angesammelt hatten, goß ein Schmied daraus den heute berühmten »Leonhardsnagel«. Dieser Eisenkegel ist 90 Zentimeter hoch, 20 Zentimeter dick, beinahe zweieinhalb Zentner schwer und heute noch an der Leonhardskirche in Inchenhofen zu bewundern. Im 17. und 18. Jahrhundert wurde dieser »Nagel« von den Pilgern während der Wallfahrt um die Kirche getragen.

Auch in anderen Leonhardsorten wurden die Opfereisen zu Nägeln oder menschenähnlichen Torsi, den sogenannten »Liendln« zusammengegossen. Die Gläubigen versuchten, den Liendl zu heben, um sich damit einen Wunsch zu erfüllen. Leonhardsnagel und Liendl sind Fruchtbarkeitssymbole, so daß vor allem Heiratslustige und kinderlose Paare diese Figuren zu heben suchten. Nach der christlichen Auslegung konnte nur derjenige das schwere Gewicht heben, der frei von Sünde war.

Die Leonhardsnägel findet man vor allem in Leonhardskirchen im Flachland. Es wird vermutet, daß sie Nachempfindungen der Leonhardsteine, dem Leonhard geweihte Gipfel im Gebirge sind. Die Leonhardskirche in Kreuth beispielsweise steht vor der Kulisse des 1450 Meter hohen Leonhardsteines, der wie ein abgestumpfter Kegel in den Himmel ragt. Ähnliche Bergformationen finden sich in den bayerischen und österreichischen Alpen häufiger. Es sind alleinstehende Bergkegel, die wie Wahrzeichen unvermittelt aus der Landschaft wachsen. Leonhardsteine und Leonhardsnägel haben die gleiche Form. Es wird vermutet, daß im Flachland die schützenden Naturfelsen durch die Nägel und Liendl ersetzt wurden.

Diese Votivgabe zeugt von der Anbetung St. Leonhards auch als Heiler der Menschen. Erkrankte Körperteile wurden aus Eisen hergestellt und dem Heiligen dargebracht. Herkunft dieses eisernen Armes: St. Leonhard im Buchet, Landkreis Rosenheim, 18./19. Jahrhundert.

Bei manchen eisernen Votivfiguren wurden Arme und Beine einzeln hergestellt und angeschweißt, um sie menschenähnlich zu gestalten. Das Gesicht dagegen wurde oft nur mit Meißelhieben angedeutet. Diese Votivfigur kommt aus Rotthalmünster im Landkreis Passau und wird dem 17./18. Jahrhundert zugeschrieben.

Bei diesem eisernen Votivtier wurden die Beinpaare einzeln durch Löcher im Rumpf gesteckt. Nach der Patronatsumwandlung zum Beschützer der Tiere wurden dem heiligen Leonhard bildliche Darstellungen der bäuerlichen Nutztiere geopfert. Dieses Rind stammt aus Schönau im Landkreis Regen, 18./19. Jahrhundert.

Der allgemeine Nothelfer und Bauernheilige

Im Laufe der Jahrhunderte wurde St. Leonhard immer mehr zum Helfer in allen möglichen Notlagen. Die Mirakelbücher von Inchenhofen erzählen von wundersamen Heilungen und Hilfeleistungen in den verschiedensten Notlagen. Leonhard wird bei körperlichen und seelischen Leiden, Naturkatastrophen, wirtschaftlichen Nöten oder Ärger mit den Nachbarn um Hilfe angefleht.

Besonders beliebt war Leonhard in früheren Zeiten bei den Geisteskranken, die oft in Ketten gelegt wurden, um sie ruhigzustellen. Da die Betroffenen von einem kranken Geist seelisch und von den Ketten körperlich gefangen gehalten wurden, wurden auch diese Ketten nach Heilerfolgen als Votivgaben dargebracht.

Als Kettenheiliger wurde Leonhard immer wieder mit dem Eisen in Verbindung gebracht. Daher hatte er auch Schmelzhütten und Eisenminen zu beschützen. Das Bergwerk in Kiefersfelden zum Beispiel steht unter seinem Schutz und nicht unter dem der eigentlich für Bergwerke zuständigen heiligen Barbara.

Diese Votivgabe zeigt einen Gefangenen, der mit Ketten an Armen und Beinen und einem Halseisen gefesselt ist. Hilfesuchend hält er die Hände nach oben. Die einzig mögliche Rettung mußte von Leonhard kommen.

Als Viehpatron kümmert der heilige Leonhard sich nicht nur um Kühe, Pferde, Schweine und Schafe, sondern auch um die Menschen, die von ihnen leben, wie Hufschmiede oder Metzger. Gleichzeitig hat er auch dafür zu sorgen, daß die Felder immer genügend Futter und Früchte für Vieh und Menschen abwerfen und Mißernten vermieden werden. Bauern, Händler, Fuhrleute – sie alle brauchen ihn. Das Bittbuch in der Leonhardikirche Inchenhofen erhält heute noch beinahe täglich neue Eintragungen, in denen der heilige Leonhard um Hilfe bei Prüfungen, familiären Problemen und Krankheiten aller Art ersucht wird.

Wurde der Leonhardskult in den Anfängen eher von kirchlichen Würdenträgern und adeligen Kreuzrittern gepflegt, so verwandelte er sich allmählich in einen Heiligen für jedermann, er wurde zum »Bauernheiligen« und aufgrund seiner Beliebtheit auch der »bayerische Herrgott« genannt. Wegen seiner allumfassenden Kraft zählte Leonhard bald zu den sogenannten 14 Nothelfern. Dies ist ein Ehrentitel für beliebte und häufig angerufene Heilige. Gemeinsam mit Sixtus und Nikolaus rückte Leonhard um das 15. Jahrhundert in diese oberste Gruppe der Nothelfer auf.

Geschichte und Entwicklung der Umfahrten

Zur Tradition der Leonhardifahrt kam es durch eine Verknüpfung altgermanischer Bräuche und ihrer christlichen Interpretation. Den christlichen Missionaren gelang es häufig, heidnische Bräuche und Kultstätten in christliche umzuwandeln. Beispielsweise haben auch die Germanen ihre heiligen Stätten mit Ketten umspannt, um feindliche Kräfte abzuwehren. Der Pferdeheilige der alten Germanen war Donar, auch Thor genannt. Er war verantwortlich für die Fruchtbarkeit der Erde und der Lebewesen. An bestimmten Tagen des Jahres wurden ihm Tieropfer gebracht. Heidnische Kultstätten, wie beispielsweise der heutige Kalvarienberg in Bad Tölz, auf dessen Spitze nun drei christliche Kreuze hoch über der Stadt gen Himmel ragen, wurden am Tage des Pferdegottes vor Sonnenaufgang dreimal umritten, anschließend wurden Pferdeopfer dargebracht. So ist hier wahrscheinlich die Leonhardiwallfahrt entstanden.

Vom Umkreisen einer Kultstätte versprachen sich die Menschen, daß die dort verborgenen heilsamen Kräfte auf sie überspringen. Die Umkreisung in Form eines Umrittes, Umganges oder einer Umfahrt blieb bis heute erhalten.

Von 1631 bis 1779 wurde sogar noch das Pferdeopfer praktiziert. Kurfürst Maximilian I. gelobte dieses Opfer anläßlich einer Pferdeseuche, von der sein Marstall zu Schleißheim schließlich verschont blieb. Zum Dank brachte er in der Folgezeit jährlich sein Sattelpferd als Opfer zum heiligen Leonhard nach Inchenhofen. Die Wittelsbacher setzten diesen Brauch mit der jährlichen Opferung eines jungen Pferdes fort, bis Kurfürst Karl Theodor ihn 1779 aufhob.

Das Pferdeopfer aus den alten germanischen Bräuchen findet heute nur noch symbolisch statt. Am Fuße der Tauern in Bucheben wurden den Wallfahrern hölzerne Pferde und Kühe zur Verfügung gestellt, welche dann dreimal um den Altar getragen und geopfert wurden. Anderenortes trug man vor dem Einspannen das Pferdegeschirr durch eine Kirchentür in die Kirche hinein und zur entgegengesetzten Tür wieder hinaus, um das alte germanische Pferdeopfer nachzuvollziehen.

In einfacherer Form wurden Nachbildungen von Haustieren aus Eisen oder Hufeisen an die Kirchentüren genagelt. Eisen galt als heilsam und zauberbannend, gleichzeitig nahm es die Rolle des Geldes ein. Ob es sich dabei um Abbildungen von Tieren oder um Weihegaben handelte, die in irgendeinem Bezug zu den Haustieren standen – immer sollte damit der gesamte Viehbestand des Hofes symbolisch zur Segnung gelangen. Größere Viehherden konnten schließlich nicht zur Umfahrt mitgenommen werden. Das Pferd bei der Wallfahrt und die Weihegaben repräsentierten den ganzen Tierbesitz des Bauern. Zurückverfolgen lassen sich die Umritte bis ins 14./15. Jahrhundert. Der Bischof von Freising erkannte den heiligen Leonhard um das 13./14. Jahrhundert offiziell an und leitete damit den Großteil der Kirchengründungen zu seinen Ehren ein. Der Brauch der Umritte setzte erst etwas später ein. Nachdem die Leonhardskirche in Kreuth bereits seit 1184 stand, ist der erste Umritt für das Jahr 1469 vermerkt. Vielerorts ritten die Wallfahrer mit den Pferden in die Kirche. Entweder wurde der Hochaltar dreimal umkreist oder die Kirche durchquert, wenn zwei Portale vorhanden waren. In Inchenhofen versah man später die Portale mit sogenannten »Beinbrechern«, die das Einreiten in die Kirche verhindern sollten.

Die Umfahrten mit Wagen und Gespannen kamen erst mit dem Bau besserer Wege und Straßen auf, also Ende des 18. und Anfang des 19. Jahrhunderts, mancherorts erst in diesem Jahrhundert.

Die erste Krise erlebte der Leonhardibrauch zu Beginn des 19. Jahrhunderts, als mit der Säkularisierung die Ausübung dieser Tradition ver-

Die erste Leonhardiwallfahrt nach dem Zweiten Weltkrieg in Fürstenfeldbruck fand noch unter dem Sternenbanner statt, das vor dem Rathaus hing.

boten wurde. Unter Max IV. Joseph und seinem Minister Montgelas wurden die Klöster aufgehoben, wie zum Beispiel das Kloster Tegernsee im Jahre 1803. Die Wallfahrten waren nicht mehr erlaubt, da die Wallfahrer oft tage- oder wochenlang unterwegs waren und während dieser Zeit keiner »produktiven Tätigkeit« nachgehen konnten. Wallfahrten wurden als Zeitverschwendung angesehen, die Gläubigen sollten lieber zu Hause beten. Außerdem sollte die Bevölkerung die heimischen Wirtshäuser aufsuchen und nicht die Fremde bereichern.

Vor der Säkularisation waren die

Kirchen gefüllt mit Votivgaben aller Art. Von der Wallfahrtskirche in Inchenhofen hieß es, sie sei außen wie innen mit Ketten und Eisenschellen behängt, daß sie eher einem Gefängnis als einer Kirche gleiche. Im Zuge der Säkularisierung mußten die Opfergaben aus den Kirchen entfernt werden. Die Anweisung dafür lautete, »niemals wieder derley Unsinn daselbst bey schwerem Einsehen und Verantwortung aufstellen oder aufhängen zu lassen, sondern, wenn etwa wider dieses Verbot derlei Albernheiten in das Gotteshaus gebracht werden, selbe sogleich auf der Stelle augenblicklich durch den Mesner wegräumen und in ewige Vergessenheit bringen zu lassen.« Von allen Orten dürfte Inchenhofen, das wirtschaftlich von der Wallfahrt abhing, unter den Auswirkungen der Säkularisierung am meisten gelitten haben. Das Wohlergehen der Bevölkerung verlief parallel zu den Schwankungen des Wallfahrtsgeschehens. Nachdem es mit dem Markt Inchenhofen zunehmend bergab ging, verfaßte die betroffene Bevölkerung 1818 einen Bittbrief, in dem auf die große Not der Wirtschaften, Brauereien, Bäckereien und Kreuzlmacher hingewiesen und gleichzeitig um eine Wiederaufnahme der Wallfahrt ersucht wurde.

König Ludwig I. hob das Wallfahrtsverbot erst 1825 wieder auf. Doch erst gegen Ende des 19. und zu Beginn des 20. Jahrhunderts blühten die alten Rituale wieder auf, bevor die beiden Weltkriege erneut eine Unterbrechung erzwangen. Nach dem Ende des Zweiten Weltkrieges hatte die Bevölkerung zunächst andere Sorgen. Der sinkende Pferdebestand, vor allem durch den zunehmenden Einsatz von Traktoren, verhinderte, daß die Wallfahrten in nennenswertem Umfang wieder auflebten. In den letzten 10 bis 20 Jahren jedoch werden für die Freizeitgestaltung wieder mehr Pferde gehalten. Aufgrund zahlreicher Initiativen erleben die Wallfahrten derzeit einen starken Aufschwung.

Zehntausende von Besuchern finden sich am Leonhardstag zur Wallfahrt ein. Auch hinsichtlich der Terminwahl gibt es Parallelen zu den alten Germanen. Der Tag der jährlichen Leonhardsverehrung und die Hauptzeit vorchristlicher Kulte fallen in die gleiche Jahreszeit, den Spätherbst. Bei den Germanen begann das neue Jahr mit dem Abschluß der Weidezeit, dem Beginn des Winters und der Stallwirtschaft. Dies war die Periode zahlreicher Feste mit Opfern zugunsten der Fruchtbarkeitsgötter. Die meisten Leonhardiwallfahrten finden entweder jährlich am 6. November, dem Todestag Leonhards, statt oder an einem der Sonntage davor. In einigen Ausnahmefällen erfolgt die Wallfahrt Anfang Juli zur Sonnwendzeit, welche bei den alten Germanen ebenfalls eine hohe kultische Bedeutung hatte. Heute richtet sich der Wallfahrtskalender teilweise auch nach anderen kirchlichen oder weltlichen Feiertagen der einzelnen Gemeinden.

Umritte und Umfahrten in einzelnen Wallfahrtsorten

In Bad Tölz, heute noch einer der bekanntesten Orte der Leonhardifahrt, begann diese Tradition Ende des 18. Jahrhunderts. Die Umfahrt wurde von Jahr zu Jahr wilder, da die Bauern versuchten, mit ihren Gespannen durch möglichst rasantes Umfahren der Kirche ihr Glück im wahrsten Sinne des Wortes zu erjagen, wobei es häufig zu schweren Unfällen kam. Einem Bauern, der bei einem solchen Unfall wie durch ein Wunder nicht zu Schaden kam, wird der Legende nach die Gabe der besagten Eisenkette für die Leonhardskirche zugeschrieben. Im Jahr 1856 legte schließlich der örtliche Pfarrer Strecke, Ablauf und Verhalten der Teilnehmer fest, so daß die Leonhardifahrt von da an in geregelten Bahnen ablief. Üblicherweise wird in Bad Tölz die Leonhardifahrt am 6. November abgehalten. Fällt der 6. November auf einen Freitag, wird Dispens vom Fastengebot erteilt. Fällt der 6. November auf einen Sonntag, so wird die Umfahrt auf den 5. November vorverlegt, da der heilige Leonhard seinen eigenen Festtag bekommen soll.

Inchenhofen ist als Wallfahrtsort bereits seit 1258 bekannt, die ersten Umritte zu Ehren des heiligen Leonhard sind für das Jahr 1457 dokumentiert.
Eine Besonderheit in Inchenhofen stellt die Erzbruderschaft des heiligen Leonhard dar, die 1659 durch Abt Dallmayr mitgegründet wurde. Die Erzbruderschaft ist ein Zusammenschluß von Verehrern des Leonhard, die sich zusammengetan haben, um den Glauben und das Vertrauen in ihren Heiligen weiterzuverbreiten. Abt Dallmayr empfahl den Mitgliedern den Erwerb seiner Zusammenstellung der Mirakelbücher. Weiterhin sollten sie ein Bild des Heiligen in ihren Häusern aufhängen, täglich drei Vaterunser und das Ave Maria verrichten sowie Barmherzigkeit gegenüber den Notleidenden ausüben oder sich wenigstens mitleidig zeigen. Die Erzbruderschaft hat sich über die Wirren der Jahrhunderte hinweg, seien es die Säkularisierung oder die Kriege, bis heute erhalten und in großem Maße dazu beigetragen, daß in Inchenhofen die Leonhardi-Wallfahrt lebendig blieb.
Der Festtag der Erzbruderschaft ist traditionell der Pfingstmontag. Während der Pfingstwoche pilgern Gläubige aus verschiedenen Orten, sogar in mehrtägigen Reisen zu Fuß, in großartigen Prozessionen nach Inchenhofen. Der zweite Höhepunkt des Wallfahrtsjahres ist dann der Leonharditag im November.
Erst 1900 wurde bei der Wallfahrt erstmalig auch ein Wagen mitgeführt. Der eigentliche Beginn der Umfahrten setzte 1921 ein. Inchenhofen erhielt die kirchliche Genehmigung der Umfahrt nur unter der Bedingung, daß gleichzeitig mit dem Festtag kein Tanzvergnügen stattfinden durfte. Da Bad Tölz bereits eine lange Erfahrung mit Leonhardifahrten aufwies, holte man sich dort praktischen Rat bezüglich des Ablaufes, der Benediktionsformel und ob die Segnung mit einer Leonhardsreliquie oder mit Weihwasser zu erfolgen hatte. Inchenhofen hatte 1730 von Rom den Leonhardspartikel »ex ossibus Sancti Leinhardi confessori« erhalten. Dieser wird an den Festtagen der Erzbruderschaft den Gläubigen aufgelegt und zum Kusse gereicht. Es war immer schon üblich, Reliquien auf verschiedene Orte aufzuteilen. In der Vorstellung der Gläubigen wird die Kraft des Heiligen durch die Reliquie weitergegeben. In Inchenhofen wird das Leonhardsfest an dem Sonntag begangen, der dem 6. November am nächsten liegt. Es beginnt bereits am Samstag und geht abends in eine Lichterprozession durch die Stadt über. Am Sonntag folgen das Hochamt mit dem Bischof und die Prozession mit Ehrengästen, zum Beispiel aus Zoutleew oder aus St. Léonard de Noblat, die eine Arm- oder Schädelreliquie des Heiligen mitführen. Die Pilger legen die Strecke nach Inchenhofen teilweise zu Fuß zurück. Im Gegenzug pilgert eine

Gruppe aus Kreuth per Fahrrad über Inchenhofen nach Zoutleew.

In Siegertsbrunn dürfte die Leonhardsverehrung bereits auf das 14. Jahrhundert zurückgehen. Im 16. Jahrhundert nahm die Wallfahrt solche Ausmaße an, daß die Leonhardskirche um einen Anbau erweitert werden mußte. Die Kirche ist reich an wunderschönen Votivtafeln, von denen die ältesten aus dem 17. Jahrhundert stammen. Viele Bauern brachten auch Pflugscharen, handgeschmiedete Pferdchen und große Wachskerzen als Opfergaben dar, die heute noch bewundert werden können. Zur Leonhardifeier wird ein eisernes Pferdchen vor den Altar gestellt. Die Pilger, die zu Fuß nach Siegertsbrunn kommen, können dieses Pferdchen oder andere Weihegaben dreimal um den Hochaltar tragen. Siegertsbrunn trug dem Pferdemangel nach dem Zweiten Weltkrieg auf eigene Weise Rechnung. Im Jahre 1957 wurde beschlossen, auch motorgetriebene Zugmaschinen, Pkw und Motorräder zuzulassen. Die Pferdeweihe wich einer Fahrzeugweihe, der Brauch des dreimaligen Umfahrens der Kirche blieb jedoch bestehen. Erst beinahe 20 Jahre später konnten die Pferde ihre motorisierte Konkurrenz wieder verdrängen.

In Siegertsbrunn findet die Leonhardi-Wallfahrt ausnahmsweise im Sommer statt, am Wochenende nach St. Kilian, zum Kirchweihfest. Das Leonhardsfest ist mit einem Festzeltbetrieb und Jahrmarkt verbunden. Bereits der Weg zur Kirche ist gesäumt mit Buden, an denen vom Teppichshampoo über Spielzeug bis hin zu geschnitzten Holzkreuzen alles feilgeboten wird. Dieser Volksfestcharakter der Leonhardifahrt wird zwar kritisiert, aber die Siegertsbrunner Bevölkerung hat sich bislang mit dieser Art des Festes durchsetzen können.

In Kreuth begann die Tradition der Umritte im Jahre 1469. Einer Legende nach soll der Leonhardiritt von einer Bäuerin aus Wolfsgrub begonnen worden sein, die heimlich jedes Jahr in der Nacht vom 5. auf den 6. November mit ihren Pferden dreimal um die Kirche geritten und dann wieder entschwunden sei. Die Umritte und Umfahrten waren, wie anderswo auch, den Zeitläufen unterworfen. Nach der Aufhebung der Verbote im Rahmen der Säkularisierung begannen die jährlichen Umritte in kleinerem Rahmen. Eine Umfahrt wurde erst 1910 wieder eingeführt. Der Erste Weltkrieg brachte erneut eine Unterbrechung der Tradition, die in Kreuth jedoch anschließend wieder aufgenommen wurde. Ein Aufschwung kam 1925, als bei Bauar-

beiten in Tegernsee ein Leonhardi-Truhenwagen aus dem Jahr 1790 gefunden wurde, der auch heute noch mitgefahren wird und ansonsten im Museum zu bewundern ist.

In Warngau war es seit Bestehen der Wallfahrtskirche Allerheiligen üblich, daß Pferde »formlos« zur Kirche gebracht wurden. Die Verehrung des St. Leonhard setzte um 1770 mit dem Aufstellen der Leonhardsfigur auf dem Tabernakel des Hochaltars ein. Es wird vermutet, daß zu der Zeit auch die Umritte begonnen haben. Die Allerheiligenkirche verfügt über zwei Portale, so daß hier auch Durchritte durch die Kirche angenommen werden können. Die erste Leonhardifahrt in Warngau ist für das Jahr 1817 dokumentiert. Noch einige Jahre vor Ausbruch des Ersten Weltkrieges kam sie jedoch wieder zum Erliegen. Den Erzählungen nach bewirkte der damalige Pfarrer das Einstellen der Wallfahrt, da die tiefen Ausschnitte der Festgewänder der Frauen und Mädchen seiner Meinung nach nicht mit der kirchlichen Moral vereinbar waren. Zunächst äußerte das Warngauer Gemeindevolk seinen Unmut über das Verbot in Form eines sogenannten »Haberfeldtreibens«. Die »Haberer« waren ein Männerbund, der vom Ende des 17. bis Anfang des 20. Jahrhunderts tätig wurde, wenn Justiz oder Kirche nicht im Sinne der kleinen Leute handelte. Sie waren nur in dem engen Raum um Bad Tölz, Miesbach, Bad Aibling und Ebersberg aktiv und vertraten eine Art eigenwilliger Volksjustiz, da sie die damaligen Gerichte oftmals nicht als objektiv ansahen. Das geheime Femegericht der Haberer verhängte dann eigene Strafen. Den so Verurteilten wurden nachts beispielsweise die Fenster eingeworfen oder der Mistkarren aufs Dach gestellt. Die nächtlichen Aktionen richteten sich oft gegen die Obrigkeit und auch gegen Geistliche, wenn althergebrachte Normen des bäuerlichen Lebens nicht eingehalten worden waren. Eine ähnliche Strafe mag auch der Pfarrer aus Warngau erhalten haben, bevor er nach Bad Tölz versetzt wurde. Dort mußte er alljährlich im Wagen der Geistlichkeit an der Leonhardifahrt teilnehmen. Nach einer Pause von 80 Jahren erweckte ein engagierter Jungbauer im Jahre 1983 die Wallfahrt in Warngau wieder zum Leben. Seitdem erfährt die Tradition auch hier einen ungeahnten Aufschwung.

Grafing ist bekannt für seine prächtigen Leonhardifahrten. Die erste Umfahrt fand im Jahre 1708 statt, ein Wagen aus dem Jahre 1737 fährt heute noch mit. In der Zeit der Säkularisierung erreichten es die Grafinger Bauern, ihre Leonhardiwallfahrt gegenüber der kirchenfeindlichen Regierung in München als Volksfest zu deklarieren und so die Genehmigung zu ihrer Durchführung zu erreichen.

Auch in Dietramszell wird der Besucher von der Atmosphäre der Wallfahrt eingefangen. Die Leonhardskirche mit ihren erwähnenswerten Votivtafeln steht abseits des Ortes für sich in die hügelige Landschaft eingebettet.

Es lohnt sich jedoch, nicht nur die bekannten Umfahrten aufzusuchen, sondern auch die zahlreichen Umritte um kleinere Leonhardskapellen zu verfolgen. Dort, wo die Wege nicht für Umfahrten geeignet sind, wie beispielsweise in Harmating, kann man in einem ganz ursprünglichen Rahmen einen Umritt erleben, wie er selten sein dürfte. Die kleinen, äußerlich unscheinbaren Leonhardskapellen entpuppen sich in ihrem Innern oft als wahre Kleinode ihrer Art.

Die vielen Umfahrten und Umritte, die hier nicht erwähnt wurden, sind deshalb nicht minder bedeutend und oder sehenswert. Der Besucher wird auch anderswo immer wieder auf Parallelen mit diesen Beschreibungen stoßen und zusätzlich die Besonderheiten jeder einzelnen Wallfahrtsstätte empfinden können.

Die Vorbereitungen zur Leonhardifahrt

Die Vorbereitungen zur Leonhardifahrt laufen in den verschiedenen Orten ähnlich ab. Bereits Wochen vor dem jeweiligen Termin setzt sich der Leonhardiausschuß zusammen, der aus engagierten Gemeindemitgliedern besteht und für die Organisation der Wallfahrt verantwortlich ist. Ein Leonhardilader wird bestimmt, der persönlich die Bauern, die entsprechende Wagen besitzen, zur Teilnahme an der Umfahrt einlädt.

Die Arbeiten zur Vorbereitung der Wallfahrt werden verteilt. Die Pferdebesitzer kümmern sich um das rechtzeitige Beschlagen der Hufe. Die meisten Bauern richten sich hierbei nach dem Mondkalender: Die Hufe sollen zu Beginn des abnehmenden Mondes beschlagen werden, damit die Eisen länger halten. Die Pferde leisten harte Arbeit, müssen sie doch – oft auf glattem Asphalt – schwere Wagen ziehen. In Bad Tölz war geplant, ein steiles Straßenstück, das auch bei der Umfahrt befahren wird, zu teeren. Allein wegen der Rutschgefahr für die Gespanne hat die Stadt schließlich das alte Kopfsteinpflaster belassen.

Die Pferde müssen eingefahren werden, da sie heute nicht mehr regelmäßig zur Arbeit eingespannt werden und erst wieder an die ungewohnte Tätigkeit des Wagenziehens gewöhnt werden müssen.

Manche Bauern haben nicht mehr genügend Pferde, um ein ganzes Gespann stellen zu können. In Bad Tölz sind ausschließlich Vierspänner zugelassen, da die Wegstrecke oft steil verläuft und Wagen mit bis zu 20 Personen gezogen werden müssen. In solchen Fällen schließen sich zwei oder mehr Bauern zusammen. Dann wird es besonders wichtig, die Pferde aus den unterschiedlichen Ställen rechtzeitig aneinander und an den Wagenführer zu gewöhnen, damit sie während der Wallfahrt nicht zu nervös werden. Auch muß das sogenannte Hand- oder Sattelpferd festgelegt werden, das ein ruhiges und ausgeglichenes Temperament haben sollte, hinten links eingespannt und vom Wagenführer geritten wird.

Das teils sehr alte, festliche Pferdegeschirr wird hergerichtet. Da sich die Nutzung und damit die Art der Pferde in diesem Jahrhundert sehr verändert hat, passen so manche vererbten Geschirre den heutigen Pferden nicht mehr, die weitaus zierlicher sind als ihre schwerstarbeitenden Vorgänger. Gelegentlich halten die Bauern ihre Pferde nur noch, damit sie an der Leonhardifahrt teilnehmen können. Ein traditionsbewußter Bauer hat seinen Erben die regelmäßige Teilnahme an der Leonhardifahrt im Testament vorgeschrieben.

Das Sattelzeug wird gewichst und auf Hochglanz poliert, das Eisenzeug mit Bronze gefärbt, die Messingschnallen geputzt und das spitzbogige Kummet neu lackiert. Die Wagen werden aus den Scheunen oder gar aus dem Museum geholt. Alle Teile werden auf ihre Haltbarkeit überprüft und ausgebessert, die Seitenteile neu verschraubt, die Sitzbänke aufgerichtet. Die Holzteile erhalten frische Farbe, wo sie im Laufe der Zeit verblaßt ist. Die Eisenteile werden mit Silberbronze gestrichen. In Bad Tölz verlangt die Tradition ausschließlich eisenbereifte Räder, Gummiräder sind dort verpönt und nicht zugelassen.

Die stattlichen Umzugswagen gibt es in drei verschiedenen Formen und Größen als Truhen-, Tafel- oder Darstellungswagen. Besonders die sogenannten Truhenwagen sind reich mit Malereien geschmückt. Es sind schmale, etwa 5 bis 6 Meter lange Wagen mit geschlossenen, schräg nach oben laufenden Seitenwänden. Der truhenähnlichen Form entspringt auch ihr Name. Die Vorläufer dieser Wagen gehörten im Mittelalter zu den gebräuchlichsten Verkehrsmitteln. Während die Männer auf Pferden ritten, fuhren die Frauen damals in Leiterwagen, die mit Korbgeflecht zwischen den Sprossen ausgefüttert waren. Die Truhen sieht man heute nur noch

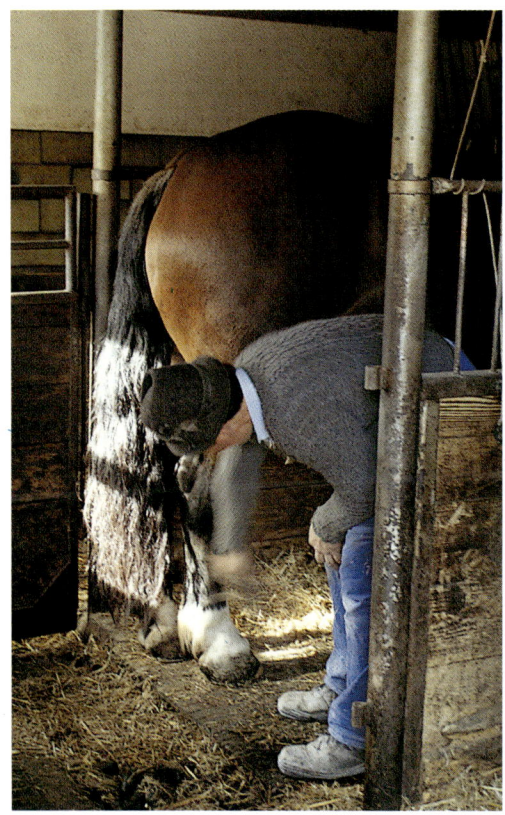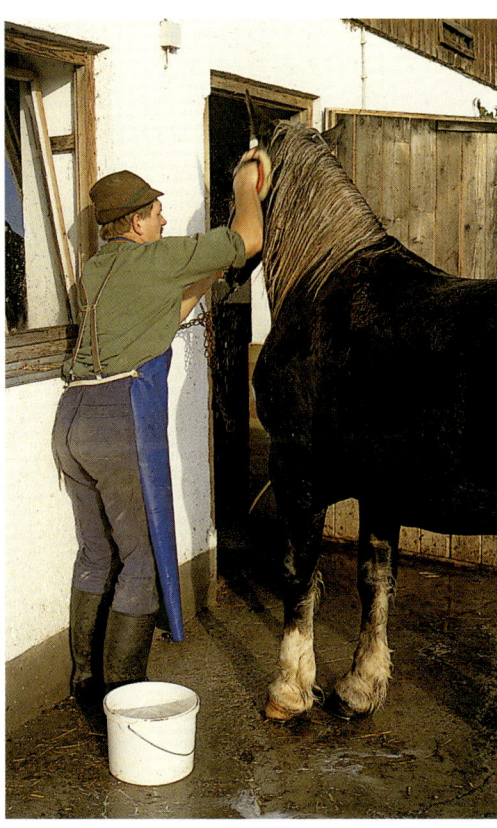

Zur Vorbereitung auf die Leonhardifahrt werden die Hufe inspiziert, das Sattelzeug in der richtigen Reihenfolge aufgebockt und die Mähne gestriegelt, bis sie locker fällt.

Das Sattelzeug wird auf Hochglanz gewienert. Manches alte Pferdegeschirr wird nur noch für diesen Festtag hervorgeholt.

Neben religiösen Motiven wie dem Sieg des Erzengels Michael über den Höllenfürsten ...

Namensangabe und Jahreszahl der ersten Leonhardifahrt dieser Truhe. Die Beliebtheit dieser Wagen hat in den letzen Jahren wieder stark zugenommen. In Kreuth sind in den letzten zehn Jahren sechs neue Truhenwagen hinzugekommen. Sie kosten ihre Liebhaber zwar ebensoviel wie ein Gebrauchtwagen der Mittelklasse, sind aber von besonderer Schönheit. Außerdem können sie auch von etwas leichteren Pferden, beispielsweise Haflingern, gezogen werden, da meist nur zwölf Personen darin Platz finden. Darüber hinaus brauchen sie wegen der reichen Malerei nicht gar so aufwendig mit Blumen und Gebinden geschmückt werden wie die Tafel- und die Darstellungswagen. Die Tafelwagen sind weitaus größer

... und Abbildungen des heiligen Leonhard auf den Truhenwagen zu finden.

bei den religiösen Leonhardifahrten. Daher werden sie auch Sakralwagen genannt. Sie sind jedoch überwiegend den Frauen vorbehalten, die auf schmalen Bänken paarweise nebeneinander sitzen. Die Stirnseite der Truhenwagen ist oft mit einem Bild des Heiligen bemalt und trägt den Schriftzug: »Heiliger Leonhard, bitt' für uns.« Aber auch andere religiöse oder bäuerliche Motive sind zu sehen, wie die zwei roten, Maria und Jesus zugedachten Herzen, welche in der bayerischen Bauernmalerei immer wieder auftauchen. Auf den Seitenteilen finden sich oft Allegorien der vier Jahreszeiten, meist mit

... sind vor allem Anrufungen ...

als die Truhenwagen – mehr als zwanzig Personen, die sich an den Längsseiten gegenübersitzen, finden darauf Platz. Meist sitzen die an der Umfahrt teilnehmenden Männer auf Tafelwagen. Während des Jahres wurden diese Wagen im Arbeitsalltag der Bauern eingesetzt. Für die Leonhardifahrt wird die Stirnseite mit Bildern des heiligen Leonhard geschmückt. Die einfachen hölzernen Seitenteile werden verdeckt von einem kunstvollen Flechtwerk aus frischem Grün und Blumen. Es ist Aufgabe der Männer, die notwendigen Pflanzen aus dem Bergwald zu holen, zum Teil mit Sondergenehmigung für geschützte Blumen wie die Alpenrose, die für die Wallfahrt in begrenzter Menge gepflückt werden darf. Der Wagenschmuck besteht aus den Pflanzen, die die Natur zu dieser Jahreszeit hergibt. Verwendet werden hauptsächlich Tannendaxen (Tannenzweige), Krobirstauden (Wacholder), Granten (Almenrausch), Waxlaaber (Stechpalmen) und Misteln. Die Mittelstücke der Wagengeländer werden regelmäßig mit Bamroch (Isländisches Moos) umflochten. Diese Flechte, die in langen Bärten von den Ästen dürrer Bäume hängt, hat symbolische Bedeutung. Sie soll den Viehweiden auf den Almen reichen Wuchs bringen und damit den Bauern guten Milch- und Butterertrag.

Die Darstellungswagen sind flache Wagen ohne Seitenteile, deren Aufbau den Bauern freigestellt ist. Oft werden Szenen aus dem Leben des Leonhard nachgestellt. Manchmal findet sich auf den Wagen auch eine Miniaturausgabe der örtlichen Leonhardskirche, ein Nachbau des eigenen stattlichen Bauernhofes oder gar die geschätzte Gastwirtschaft des Ortes, deren Nachbildung bei der Wallfahrt mitgefahren wird. Besonders Inchenhofen ist bekannt für seine kunstvollen Darstellungswagen, auf denen die wichtigsten Stationen im Leben Leonhards nachgestellt werden. Andere Darstellungswagen zeigen

Szenen wie das frühere Pferdeopfer des Kurfürsten Maximilian oder die Segnung der Leonhardikerze von Inchenhofen durch den Papst.

Den Frauen obliegt das Schmücken der Wagen, das je nach Aufwand einen oder auch mehrere Abende dauern kann. Die handwerkliche Tradition wird an die nächsten Generationen weitergegeben. Es ist gar nicht so einfach, die Pflanzengirlanden derart anzubringen, daß die schönen Seiten der Pflanzen und Blütenblätter immer in die gewünschte Richtung zeigen und dadurch die Leuchtkraft der Farben richtig zur Geltung kommt. Sogar die Speichen der Räder werden vereinzelt mit Kränzen verziert.

Früher hatte jeder Hof sein eigenes Muster, das immer weitergegeben wurde. In damaligen Zeiten wurden auch die Wagen noch mit Laubbögen überspannt, so daß sie fast vollständig geschlossen waren. Dies entsprang einem Fruchtbarkeitskult aus vorchristlicher Zeit.

Am Vortag der Wallfahrt wird letzte Hand angelegt. Die Männer waschen und striegeln die Pferde und flechten die Schweife, damit sie am nächsten Tag schön wellig fallen.

Den ungeschmückten Wagen sieht man vor der Fahrt nicht an, was für Glanzstücke daraus werden können. Die kunstvoll bemalten Truhenwagen dagegen wirken bereits für sich selbst.

Die kostbaren alten Truhen werden die meiste Zeit des Jahres nicht genutzt, sondern sorgsam gehütet wie hier im Bauhof von Bad Tölz.

Der Leonharditag

Schließlich ist es soweit: Es ist Leonharditag. Gleich in der Früh werden die Pferde angespannt, Sättel und Zaumzeug mit frischen Geranien, Fuchsien oder bunten Bändern geschmückt, ebenso wie die Hüte der Wagenlenker, die ihre Festtagstracht angelegt haben. Sogar die aus Weidenzweigen selbstgeflochtene Peitsche trägt ein kleines Blumensträußchen am Ende. Stirnhaare, Mähne und Schweif der Pferde werden mit Buchszweigen und Blumen als Opferschmuck verflochten. Am Kummet einiger Geschirre werden einige Überbleibsel heidnischen Geisterglaubens angebracht: ein rotes Tuch, ein Dachsfell, das möglichst noch den Kopf Meister Grimmbarts trägt, ein Spiegel sowie ein Messingkamm. Diese Gegenstände sollen dem sicheren Schutz vor Wichten, Hexen und Druden dienen. Das Dachsfell schreckt die bösen Geister ab, das blutrote Tuch hält die Dämonen von den Pferden fern. Der Messingkamm wehrt die Hexen und Druden ab, die nachts heimlich auf den Rössern reiten und die Haare verfilzen. Spätestens, nachdem sie sich im Spiegel erblickt haben, suchen diese Ungeheuer von ihrem eigenen Antlitz erschreckt das Weite. Das Geläut, bestehend aus meist sieben Glocken mit unterschiedlichen Tönen, wird entweder am Kummet oder an einem Lederriemen um den Pferdehals angebracht. Die Fuhrleute der Leonhardigespanne in Warngau bekommen jedes Jahr als Anerkennung für ihre Teilnahme eine weitere Glocke geschenkt. In anderen Gemeinden und Jahren gibt es Holzkreuze, Wachsbilder, Stallplaketten und ähnliches als Erinnerungsstücke an die jeweilige Umfahrt. Den Besuchern werden sogenannte Leonhardiabzeichen zur Erinnerung verkauft, deren Erlös für die Ehrengaben oder die Musikkapellen verwendet wird.

Die Festtagstracht der Teilnehmer unterscheidet sich nach Alter und Geschlecht. Die Buben tragen Lederbundhosen, Janker und einen Stopselhut. Die Mädchen kleiden sich in festliche Mieder und Schürzen. In Bad Tölz tragen sie zu der Alttölzer Tracht mit ihren langen Röcken ein Krönchen auf den Stopsellocken, das mit grünen Pflänzchen geschmückt ist. Die Männer legen ihre ländliche Tracht an, versehen mit den jeweiligen Emblemen ihrer Vereine. Die Tracht der Frauen ist unterschiedlich, je nachdem, ob sie unverheiratet oder verheiratet sind.

Die unverheirateten Frauen, sie werden traditionell »Jungfrauen« genannt, tragen das Miedergewand. Rock und Leiberl (Oberteil) sind aus farbigem Seidenstoff, ebenso die Schürze und das Schultertuch. Zunächst jedoch werden Unterkleid und Unterrock angelegt, danach das »Schmiesl«, die weiße, gestärkte Baumwollspitze für den Halsausschnitt. Jetzt erst folgen der Rock und das Leiberl, dessen Ärmel kunstvoll von Hand gesmokt sind. Schließlich wird das Mieder mit feinen Silberketten, behangen mit Silbertalern, eng vor der Brust geschnürt. Das Seidentuch wird außen über die Schultern gelegt und mit Silbernadeln festgesteckt. Die verzierte Kropfkette um den Hals darf ebensowenig fehlen wie der schwarze Hut mit den Goldschnüren und der Goldquaste. In den Brustausschnitt werden frische Blumen gesteckt. Es ist mehr ein Kunstwerk denn ein Kleidungsstück und wird aufgrund der Schnürung zwangsläufig mit der entsprechenden Haltung getragen. Die verheirateten Frauen tragen ihren Schalk, den sie meist als Hochzeitsgewand bekommen haben. Der Aufbau gleicht dem des Miedergewands der Jungfrauen. Rock und Oberteil des Schalks sind aus schwerem, schwarzen Seidenstoff. Die Ärmel des Schalks sind jedoch gekraust und nicht gesmokt. Das Oberteil überlappt sich vor der Brust und wird innen mit Ketten geschlossen, die den Frauen einen Spielraum von etwa 10 Zentimetern geben, damit mehrere Größenveränderungen im Laufe des Lebens vom Schalk mitgemacht werden, ohne daß man einen neuen anschaffen muß. Außen wird das Oberteil mit filigranen Silbernadeln geschlossen. Um den Halsausschnitt sind etwa 25 Meter schwarzer Baumwollspitze gekräuselt. Ein hellfarbenes Seidentuch wird innen kunstvoll um die Spitze im Ausschnitt drapiert. Das Tuch wird auf dem Rücken mit silbernen Nadeln mit einer silbernen Eichel als Nadelkopf befestigt, damit es nicht rutscht. Gut haltende Blumen wie Nelken oder Geranien werden im Brustausschnitt angebracht. Wird der Schalk als Hochzeitsgewand getragen, so sind es Rosen. Die Kropfkette wird um den Hals geschlungen und als zusätzliches Schmuckstück eine lange goldene Uhrkette angelegt. Der Dutt am Hinterkopf wird mit silbernen Haarnadeln festgesteckt, die die gleichen Verzierungen aufweisen wie die Miedernadeln. Frauen mit kurzen Haaren befestigen einen künstlichen Dutt, der nicht nur aus optischen Gründen angezeigt ist. Der schwarze Hut mit den vielen Reihen aus Goldschnüren und der schweren Goldquaste rutscht leicht nach hinten ab und wäre ohne den stützenden Dutt kaum länger auf dem Kopf zu halten. Allein die für den Hut benötigte vergoldete Hutschnur kostet zwischen 500 und 1 000 Mark. Der Schalk mit allen

Accessoires kostet die Bäuerin bei einer Neuanschaffung 5 000 Mark. Wenn es kalt ist, wird noch ein wärmender Fuchspelz um die Schultern gelegt. Bei strömendem Regen wird zwar keine Leonhardifahrt abgesagt, aber der Schalk bleibt dann im Schrank hängen, damit er keinen Schaden nimmt. Die Zugfolge wird bereits ein paar Tage vor dem großen Ereignis festgelegt. Vorneweg reitet der Vorreiter oder der Standartenträger. In Bad Tölz sind es mehrere, die den Zug anführen. Sie müssen alle gebürtige Tölzer sein und während der Umfahrt einen Zylinder tragen. Es folgen traditionsgemäß die Wagen der Geistlichkeit und des Stadt- beziehungsweise Gemeinderates. In Bad Tölz schließen sich die Wagen der Stadtkapelle und der Jubiläumsfahrer an. Die weitere Reihenfolge wird seit dem Jahre 1971 ausgelost, nachdem es in Bad Tölz beinahe schon wieder zu einer »wilden« Leonhardifahrt wie vor 1856 gekommen wäre. In den Jahren vor der Auslosung der Zugfolge richtete sich die Reihenfolge nach der Ankunft der Wagen in der Früh am Sammelplatz. Dies führte dazu, daß jedes Jahr die Gespanne früher einliefen, bereits weit vor dem Morgengrauen, oder sich einzelne Bauern regelrechte Wettrennen lieferten, wenn sie sich auf dem Weg zum Sammelplatz trafen. Heute

wird das Ergebnis der Auslosung respektiert, und wenn sich dennoch ein Bauer mit seinem Wagen vormogeln möchte, wird er von den anderen erbarmungslos ausgeschlossen. In Bad Tölz bekommen alle Bauern für ihre Teilnahme einen Zuschuß für ihren weit mehr als nur ideellen Aufwand. Der Bauer, der bei der Auslosung die höchste Nummer gezogen hat, erhält zusätzlich etwas dafür, daß er das Schlußlicht bilden muß. Kreuth hat seit mehr als 25 Jahren einen alteingesessenen Vorreiter und seit 1993 auch eine Standarte. Es folgen die Wagen der Schulkinder – die jeweilige 4. Klasse der Grundschule darf mitfahren, des Gemeinderates und der Ministranten. Danach kommen zunächst die Wagen, die eine weitere Anfahrt hatten und denen als Gäste die Ehre zukommt, am Anfang zu fahren. Sogar aus Schliersee reisen Gespanne an, die jedoch wegen der weiten Anfahrt auf Lkws verladen wurden. Zum Schluß reihen sich die einheimischen Wagen ein. Dazwischen mischen sich die Reiter auf ihren festlich geschmückten Pferden. In Bad Tölz ist es den Männern vorbehalten, als Reiter an der Wallfahrt teilzunehmen. Immer mal wieder versucht eine Frau, als Mann verkleidet mitzureiten, meist gelingt es aber nicht. Nur auf den Wagen ist den Frauen und Mädchen

Irisches Moos, Misteln, Tannenzweige und Grünzeug in unterschiedlichen Farbschattierungen werden sorgsam zusammengebunden und mit Draht am Wagengeländer befestigt.

Fleißige Hände legen das irische Moos zu einem Muster aus.

die Mitwirkung an der Wallfahrt erlaubt.

Mit Ausnahme einzelner Wagen der Schützenvereine, die ihre »Schützenliesln« bei sich haben wollen, oder des Gemeinderates, wo auch eine Frau vertreten sein kann, sind die Wageninsassen meist streng nach Alter und Geschlecht getrennt. Jede Gruppe bleibt unter sich: die Kinder, die Jungfrauen, die Schalkfrauen, die Ministranten, die Gebirgsschützen, die Mitglieder der Trachtenvereine, die Veteranen.

In Kreuth geht der Gebetszug der Wallfahrer zunächst getrennt von den Wagen zum Gottesdienst. Aufgesessen wird hinterher, die Prozession setzt sich in Bewegung und zieht dreimal in einer großen Runde um die Kirche.

In anderen Orten wie in Bad Tölz oder Warngau zieht der Wagenzug mit allen Teilnehmern auf die große Wiese vor der Wallfahrtskirche, um an dem Gottesdienst, der dem Wohlergehen der Tiere und Bauern gewidmet ist, teilzunehmen. Während der Messe, die möglichst immer im Freien stattfindet, steigen die meisten Wallfahrer nicht von den Wagen hinunter. Eine Besonderheit stellt der »Kittlschnaps« dar, selbstgebrannter Obstler aus einem kleinen Schnapsfläschchen, das die Frauen unter ihren Schürzen tragen. Damit versorgen sie sich selbst, ihren Wagen-

lenker und befreundete Teilnehmer, die während des Gottesdienstes um die Wagen herumstehen. Gleichzeitig werden unter den Wagensitzen immer neue Behältnisse mit Selbstgebackenem herausgeholt, um dem Schnaps die notwendige Grundlage zu verschaffen.

Das dreimalige Umfahren der Kirche nach der Messe ist in Anlehnung an die alten germanischen Bräuche ein wesentlicher Teil der Leonharditradition. Jedesmal, wenn bei der Umfahrt oder beim Umritt die Teilnehmer die Kirche passieren, segnet sie der Pfarrer mit Weihwasser, Kreuzpartikel oder Reliquie. Die letzte Segnung erfahren die Teilnehmer, bevor sie wieder in verschiedene Himmelsrichtungen nach Hause ziehen.

Während der Umfahrt wird der Rosenkranz gebetet und ab und an nochmal zum Kittlschnaps gegriffen, wenn das kühle Herbstwetter nach Wärmung von innen verlangt. Die Leonhardifahrt findet immer statt – ganz gleich, ob das erste vorwinterliche Schneegestöber über die Prozession hinwegfegt oder der südliche Föhnwind über die Alpen gleitet und die Wallfahrer mit warmen Sonnenstrahlen und einem unwirklich anmutenden, blauen Himmel verwöhnt, der die Kulisse der Voralpenkette wie auf einem Gemälde von Kobell überspannt.

In Bad Tölz erleben die Zuschauer

nach der letzten Segnung noch einen weiteren Höhepunkt. Dazu treffen die sogenannten »Brettlhupfer« zusammen. Diese Männer stehen während der Fahrt auf kleinen Trittbrettern an der Rückseite der Wagen. Jeder Brettlhupfer ist besonders an steileren Wegstücken verantwortlich für das Bremsen des Wagens und das Lösen der Bremsen beim Weiterfahren. Wenn er gerade nicht damit beschäftigt ist, wird er von den weiblichen Wageninsassen mit Schnaps und Keksen verwöhnt oder schwingt seine lange Peitsche, die sogenannte »Goaßl«, mit lautem Knallen über seinem Kopf. Dieses »Leonhardidreschen« soll mit seinem Lärm die bösen Geister vertreiben. Nur für diesen Anlaß gibt es eine spezielle Peitsche. Sie hat einen kurzen Stiel aus Wacholderholz mit einem Ledergriff aus mehreren Streifen, die um die Faust gewickelt werden. Mit gestrecktem Arm wird der bis zu 2 Meter lange Peitschenstrang aus dem Handgelenk heraus über dem Kopf im Kreis bewegt, um den Aktionsradius zu bestimmen. Erst dann wird die Peitsche mit Kraft und der lang vorher eingeübten richtigen Technik zum Knallen, zum »Goaßlschnalzn«, geschwungen. Nach der Umfahrt treffen sich die Brettlhupfer mit ihren »Goaßln« in der Marktstraße, um in gegengleichem Rhythmus ein Peitschenkonzert

ertönen zu lassen, das wie Büchsen-
schießen in den Häuserzeilen
schallt. Dieser Kultlärm soll die
bösen Geister und Dämonen vertreiben helfen.
Nach altem bayerischen Brauch
folgt nun der weltliche Teil – nicht
umsonst sind in Bayern die
Gasthäuser so groß und liegen so
nah bei der Kirche. Zum Ausklang
des Festtages findet in den Wall-
fahrtsorten ein Leonhardiball oder
ein »Hoagaschd« als gemütliches
Beisammensein zu Volksmusik und
Gesang statt.
Wenn dann Roß und Reiter den Tag
heil überstanden haben, hoffen alle,
daß die Gebete für das kommende
Jahr helfen. Ein altes Leonhardsge-
bet drückt diesen Wunsch aus:

»O heiliger St. Leonhard,
schau gnädig her auf unsere Fahrt
und mach, daß wir durch unser
                              Fahren
den teuren Viehdoktor ersparen.«

*Der Leonharditag ist vorüber. Zurück geht's
zum heimatlichen Stall.*

Die Leonhardikapelle in Harmating ist klein. Während des Gottesdienstes muß die Musik draußen spielen.

Der Zug formiert sich für den Umritt hinter dem Vorreiter.

Die Nische in der Leonhardikapelle mit einer Figur des Heiligen wird nur für den Festtag geöffnet.

Votivbild in der Kapelle von Harmating.

Der Pfarrer steht für die Segnung der Pferde bereit.

Der Nachwuchs darf mitreiten.

*Der Altar der Leonhardikirche von Siegerts-
brunn mit dem kleinen eisernen Pferd im
Vordergrund*

Der Leonhardi-Gottesdienst vor der Kirche in Siegertsbrunn für alle großen und kleinen Leute

Auch andere Tiere als Pferde dürfen zur Segnung gebracht werden. Die Kleintiere, die nicht selbst mitlaufen können, bekommen ihren eigenen geschmückten Käfigwagen (Siegertsbrunn).

Die Vorreiter in Siegertsbrunn. Dies ist eine der wenigen Umfahrten, die im Sommer stattfinden.

Geflochtene Mähnen und Gamsbärte beim Leonhardiritt in Wildsteig

Kleine Kutsche mit Ehrenteilnehmern

In Wildensteig ist auch Reiterinnen die Teilnahme erlaubt.

Der Umritt hat die schöne oberbayerische Voralpenlandschaft als Kulisse.

Mähnen und Schweife der Pferde werden zu kleinen Kunstwerken verflochten. Rotes Tuch und Dachsfell am Kummet verjagen die bösen Geister.

Das Pferdegeschirr ist ein komplexes Gebilde aus vielen Einzelteilen. Das Geläut am Geschirr läßt während der Umfahrt eine klingende Musik ertönen .

Impressionen von der Leonhardiwallfahrt in Niederaudorf

Der Dame mit dem Schnapsfäßchen wird vom Wagen geholfen – ob es dafür eine Belohnung gibt (Niederaudorf)?

Truhenwagen mit Frauen in der Tracht der Münchnerinnen (Grafing)

Truhenwagen des Trachtenvereins Straußdorf (Grafing)

Truhenwagen des Trachtenvereins Grafing bei der Grafinger Umfahrt

In der Wallfahrtskirche Allerheiligen bei Warngau hängen zahlreiche bemerkenswerte Votivbilder zu Ehren des heiligen Leonhard sowie ein silbernes Votivherz.

Die Gemälde erzählen Geschichten über verschiedene Notlagen von Mensch oder Tier, in denen der Heilige angerufen wurde. Wenn die Sache glimpflich ausging, wurde als Dank ein Bild gestiftet.

Leonhardi-Gottesdienst vor der Wallfahrtskirche Allerheiligen bei Warngau

Tafelwagen mit Meßdienern vor der Leonhardikapelle auf dem Kalvarienberg in Bad Tölz

HeiligerLeonhard,bitte für uns!

Der Altar der Leonhardikapelle in Bad Tölz mit dem heiligen Leonhard zu Füßen der Muttergottes

In Bad Tölz wird die Umfahrt von Vorreitern mit Zylinderhüten angeführt. Verschiedene Wagen und einzelne Reiter schließen sich an. Im Galopp geht es die steile Marktstraße hinauf.

60

Viererzug mit Tafelwagen in Bad Tölz

Truhenwagen mit vergnügten Mädchen in Tölzer Tracht

*Der Wagenzug zieht an der Mühlfeldkirche in
Bad Tölz vorbei.*

Die Kunst des Goaßlschnalzens will geübt sein (Bad Tölz).

Gleich geht's los!

Goaßlschnalzen hoch zu Roß in Bad Tölz

Die Schalkfrauen von Kreuth beim Gottesdienst vor der Kulisse des Leonhardsteines

Truhenwagen bei der Umfahrt in Kreuth

Die Tegernseer Gebirgsschützen auf dem Weg zum Gottesdienst in Kreuth

Beim Leonhardi-Gottesdienst unter freiem Himmel

Viererzug bei der Umfahrt in Kreuth. Ein Wagen-
bremser läuft sicherheitshalber noch nebenher,
um die seitlich angebrachte Bremse bedienen zu
können.

Verschiedene Wagen einer Leonhardifahrt in Murnau

70

Für ein Schwätzchen während der Pause bleibt immer Zeit (Murnau).

Darstellungswagen mit der Leonhardikapelle in Nußdorf

Der Pfarrer läßt es sich nicht nehmen, selbst zur Kirche zu reiten (Nußdorf).

Die einzelnen Vereine fahren in eigenen Wagen (Hundham).

Auch Bergknappen sind mit dabei.

Der Brettlhupfer ist nicht nur für das Bremsen der Wagen zuständig, sondern sorgt mit seiner Goaßl zugleich für die lautliche Untermalung.

Wenn die Witterung zu kühl erscheint, legen sich die Schalkfrauen einen Fuchspelz um.

Darstellungswagen mit einer kunstvoll arrangierten Waldszene in Hundham. St. Leonhard möge auch die Waldtiere beschützen!

Erntedankwagen in Benediktbeuern

Truhenwagen mit Frauen in Tracht. Oftmals sind auf die Seitenwände der Truhen Szenen aus den vier Jahreszeiten gemalt.

Ein Miniaturheuwagen, von Holzpferdchen gezogen, wird auf einem Darstellungswagen zur Segnung gebracht.

Die Wagen stellen sich zur Umfahrt im Klosterinnenhof von Benediktbeuern auf.

Viererzug in Benediktbeuern mit einem besonders aufwendig geschmückten Tafelwagen.

Pfarrer German Fischer hält in Inchenhofen einen Leonhardi-Gottesdienst.

Das Deckenfresko in der Leonhardikirche von Inchenhofen wurde von Ignaz Baldauf gemalt. Dieser Ausschnitt zeigt die Bavaria, die die glühenden Herzen der Bayern dem heiligen Leonhard darreicht. Abbildungen des Leonhard erkennt man meist an den Ketten, die an sein ursprüngliches Gefangenenpatronat erinnern.

Die berühmten Darstellungswagen von Inchenhofen zeigen Szenen aus dem Leben des Leonhard. Hier weiht Remigius, der Bischof von
Reims, seinen Lieblingsschüler Leonhard zum
Priester.

Dieser Darstellungswagen trägt die nachgebaute
Leonhardikirche an ihrem großen Vorbild
vorbei.

Leonhard wird von Boten des Königs Chlodwig
gerufen, um der Königin in Geburtsnöten mit
Gebeten zur Seite zu stehen.

Das Prunkstück von Inchenhofen, die aus Eisen gegossene Figur des heiligen Leonhard aus dem Jahre 1420, wird bei jeder Umfahrt mitgeführt.

Ob klein oder groß – jeder kommt auf seine Weise zu seinem Recht.

Mag es auch noch so kalt sein – Selbstgebackenes sorgt für das leibliche Wohlergehen und gute Stimmung.

Leonhardi-Wallfahrtsorte in Bayern

Hier sind die bekanntesten Wallfahrtsorte mit den jeweiligen Landkreisen aufgeführt. Ein Anspruch auf Vollständigkeit wird dabei nicht erhoben. Die Leonhardiritte und -umfahrten finden mit wenigen Ausnahmen in den Monaten Oktober und November statt. Die jeweiligen Gemeinden oder Kurämter geben Auskunft über die genauen Daten und Uhrzeiten. Die Orte werden chronologisch in dem Monat genannt, in dem sie 1997 abgehalten wurden.

Juli

Harmating, Gemeinde Egling (Bad Tölz)

Siegertsbrunn, Gemeinde Höhenkirchen-Siegertsbrunn (München)

Dietramszell (Bad Tölz-Wolfratshausen)

Oktober

Feldmoching (München, Stadt)

Reichersdorf, Gemeinde Irschenberg (Miesbach)

Wildsteig (Weilheim-Schongau)

Niederaudorf, Gemeinde Oberaudorf (Rosenheim)

Leonhardpfunzen, Gemeinde Stephanskirchen (Rosenheim)

Breitbrunn, Gemeinde Edling (Rosenheim)

Grafing (Ebersberg)

Oberwarngau, Gemeinde Warngau (Miesbach)

Mietenkam, Gemeinde Grassau (Traunstein)

Peißenberg (Weilheim-Schongau)

Wackersberg (Bad Tölz-Wolfratshausen)

November

Fischhausen, Gemeinde Schliersee (Miesbach)

Greiling (Bad Tölz-Wolfratshausen)

Pichl, Gemeinde Manching (Pfaffenhofen a. d. Ilm)

Wartenberg (Erding)

Bad Tölz (Bad Tölz-Wolfratshausen)

Bauerbach, Gemeinde Wielenbach (Weilheim-Schongau)

Biberg, Gemeinde Tuntenhausen (Rosenheim)

Kreuth (Miesbach)

Murnau a. Staffelsee (Garmisch-Partenkirchen)

Nußdorf a. Inn (Rosenheim)

Schongau (Weilheim-Schongau)

Forst, Gemeinde Wessobrunn (Weilheim-Schongau)

Fürstenfeldbruck (Fürstenfeldbruck)

Halfing (Rosenheim)

Hundham, Gemeinde Fischbachau (Miesbach)

Oberherrnhausen, Gemeinde Eurasburg (Bad Tölz-Wolfratshausen)

Steinhausen, Gemeinde Erlbach (Altötting)

Wengen, Gemeinde Dießen a. Ammersee (Landsberg a. Lech)

Benediktbeuern (Bad Tölz-Wolfratshausen)

Festenbach, Gemeinde Gmund a. Tegernsee (Miesbach)

Inchenhofen (Aichach-Friedberg)

Gammersfeld, Gemeinde Wellheim (Eichstätt)

Kaufering (Landsberg a. Lech)

Kirchweidach (Altötting)

Laisacker, Gemeinde Neuburg a. d. Donau (Neuburg-Schrobenhausen)

Lenggries (Bad Tölz-Wolfratshausen)

Lippertskirchen, Gemeinde Bad Feilnbach (Rosenheim)

Rosenheim

Rottenbuch (Weilheim-Schongau)

St. Leonhard a. Wonneberg, Gemeinde Wonneberg (Traunstein)

Kienberg, Gemeinde Rennertshofen (Neuburg-Schrobenhausen)

Übersee (Traunstein)

Utting a. Ammersee (Landsberg a. Lech)

Oberbuchen, Gemeinde Bad Heilbrunn (Bad Tölz-Wolfratshausen)